Das Astrologiebuch
für Kinder

Das Astrologiebuch für Kinder

*für meine "beiden"
Biene + Tobias*

von Ursula Mohr

Illustrationen Peter Rinsche

Ch. Falk Verlag

Das Astrologiebuch für Kinder
erzählt von Ursula Mohr
illustriert von Peter Rinsche
pädagogische Beratung Britta Kökeritz
grafische Gestaltung Jutta Senge

Originalausgabe
© ch.falk verlag, Seeon 1993

Umschlaggestaltung: Peter Rinsche/Jutta Senge, München
Lithograf. Arbeiten: Graphics Production H. Pazdera, München
Druck: F. Steinmeier, Nördlingen

ISBN 3-924161-73-9
Printed in Germany

Inhalt   Seite

Vorwort... 7
Einführung... 10
Tierkreis.. 12
Astrologie -
Was für ein Sternbild bist Du?....................... 13
Widder.. 14
Stier.. 18
Zwillinge.. 22
Krebs.. 26
Löwe... 30
Jungfrau.. 34
Waage... 38
Skorpion... 42
Schütze... 46
Steinbock... 50
Wassermann... 54
Fische... 58
Häuserkreis zum Ausmalen.......................... 62

Vorwort

Das Astrologiebuch für Kinder wurde geschrieben für die reifen Seelen, die jetzt auf diese Erde gekommen sind und schon ein tiefes Wissen mitgebracht haben. So brauchen sie nur noch daran erinnert zu werden, um wiederzuerkennen, was sie immer schon wußten.

Nur durch die konkreten Zeichnungen von Peter (Stier) und die Gestaltungskraft von Jutta (Widder) konnte die Idee, ein Astrologiebuch für Kinder zu schreiben, verwirklicht werden.
Wir erfuhren bei der gemeinsamen Arbeit, daß nichts so schwierig ist, wie etwas Kompliziertes einfach darzustellen.

Ich danke meinem Mann Knut (Widder), der uns mit seiner Verlagserfahrung zur Seite stand, und Britta (Steinbock), die mit ihrer ganzen Kompetenz als Erzieherin das Entstehen des Buches von der Idee bis zur Vollendung unterstützt hat.

Ursula Mohr (Waage)

Sternenfee hütet seit langer Zeit ein Geheimnis, das Kindern bisher verschlossen war. Es ist das wunderbare Geheimnis der Astrologie.

Aber jetzt ist die Zeit gekommen, Euch an die Hand zu nehmen und zu dem kreisrunden Platz zu begleiten, an dem zwölf sehr verschiedene Häuser stehen.

"Willst Du mein Geheimnis näher kennenlernen?", fragt Sternenfee und reicht Dir ihre Hand. "Es ist älter als Menschen denken können. Eine Zeit lang dachte niemand mehr daran, daß in den Sternen ein Geheimnis liegt, und so wurde es vergessen. Langsam kommt die Erinnerung in den Herzen der Menschen wieder, und sie beginnen, danach zu fragen. Deshalb will ich Dir davon erzählen."

"Komm mit mir auf den Marktplatz des Lebens", sagt Sternenfee. Während sie durch die Lüfte schwebt, um zu dem kreisrunden Platz mit den zwölf Häusern zu kommen, erzählt sie diese Geschichte:

Als vor vielen tausend Jahren
im fernen Babylon...

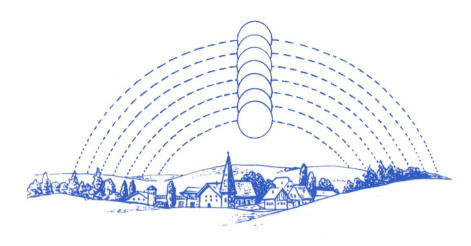

... die Menschen in den blauen Himmel geschaut haben, um Segen von den Göttern zu erflehen, haben Sie festgestellt:

Unsere Sonne wandert am Himmel!

So haben die Menschen das über lange Zeit beobachtet. Um Ordnung in diese Wanderung zu bringen, haben die Himmelskundigen die ganze Strecke des Sonnenweges in 12 Abschnitte unterteilt. Diesen Abschnitten gaben sie Namen von Menschen und Tieren und nannten den ganzen Wanderweg der Sonne
- weil ihnen nichts Besseres einfiel - den **TIERKREIS**.
Es kam den Himmelskundigen so vor, als würde die Sonne eine Kreisbahn über das ganze Himmelsgewölbe durchschreiten, und bis sie wieder an ihren Ausgangspunkt zurückgekommen ist, war ein Jahr vergangen. In jedem Abschnitt des Himmels hielt sich die strahlende Sonne etwa gleich lange Zeit auf und rückte jeden Tag ein kleines Stückchen weiter...

Für jeden Abschnitt ihrer Wanderung braucht die Sonne etwa einen Monat, und 12 Monate sind ein Jahr.

Die Sonne durchwandert nur scheinbar für uns Erdmenschen einen Kreis am Himmel. Das ist nicht wirklich so, aber es sieht eben für uns so aus.

Eigentlich ist unsere Erde auf der Wanderschaft um die Sonne. Noch andere Sterne, die wir Planeten nennen, tun das auch.

Aber das haben die Menschen erst viel später gemerkt.

Nachts leuchtet der Sternenhimmel silbrig funkelnd wie auf schwarzem Samt gestickte Edelsteine, und die Menschen konnten ihren Blick nicht von dieser Pracht abwenden.

Wie in Babylon sahen Himmelskundige in späterer Zeit und in anderen Ländern hinauf zum Himmelszelt und zeichneten die sichtbaren Bewegungen der Sterne und des Mondes auf.

Damit sie die Sterne voneinander unterscheiden konnten, gaben die Menschen ihnen Namen von Göttern, die sie kannten, weil sie wollten, daß auch noch später an die Taten der Götter gedacht werden sollte. Denn schließlich werden die Sterne ewig funkeln und jedermann auf der Erde kann sie sehen.

Im Laufe der vielen tausend Jahre haben sich die Menschen gemerkt, was auf Erden geschehen ist, wenn sich die Sonne, der Mond und die Sterne in dieser oder jener Weise am Himmel gezeigt haben. Und sie haben erstaunt gesehen, daß die stumme Sprache der Sterne von dem verstanden werden kann, der den Schlüssel besitzt.

Die Himmelskundigen waren in den Augen der Nichtwissenden mit den Geheimnissen der Götter vertraut, und sie schienen zu wissen, was die Zukunft bringen wird. So wurden sie Astrologen genannt und waren sehr weise und brauchbare Leute.

Astro heißt "Stern". Sie konnten also die stumme Sprache der Sterne deuten und kannten anscheinend den Willen der Götter, so daß sich jeder mit ihnen gutstellen wollte.

Besonders Könige schätzten den Rat der Astrologen, wenn die Könige nicht selbst Astrologen waren. Sie wollten schon vorher wissen, ob ihr Land eine gute Ernte zu erwarten hatte oder wann die richtige Zeit für einen Eroberungsfeldzug gekommen war.

Aber wehe, wenn die Ernte doch nicht so groß war oder aus den Eroberungen Niederlagen wurden. Dann lebten die Astrologen ausgesprochen gefährlich. Schon mancher angesehene Hofastrologe saß auf einem 'Schleudersitz' und starb durch das Urteil seines Königs.

Die Namen der Abschnitte des Tierkreises und die Zeiten des Jahreskreislaufes der Sonne am Himmel heißen:

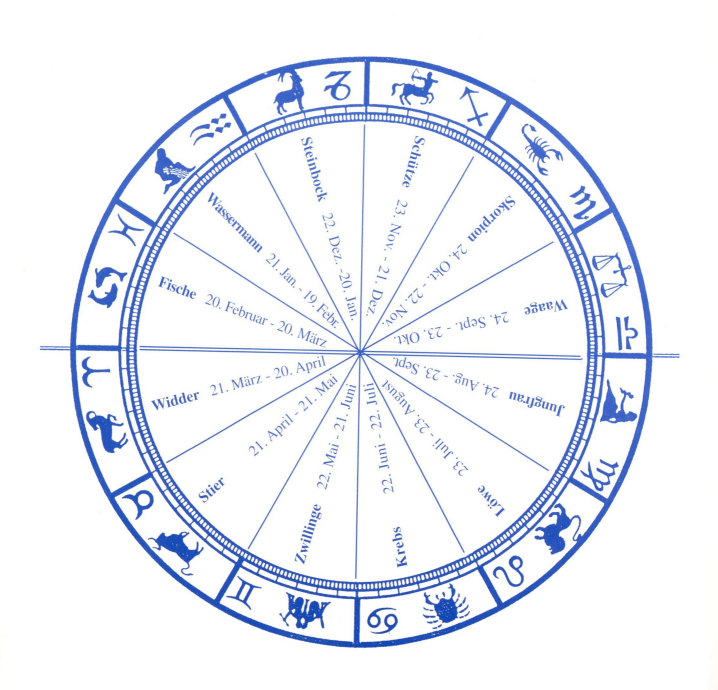

ASTROLOGIE

Was für ein Sternbild bist Du?

oder

Was für ein Tierkreiszeichen bist Du?

oder

Was für ein Planet bist Du?

So etwas bist Du bestimmt schon einmal gefragt worden. Vielleicht hast Du auch gehört, wie die Leute sich gegenseitig danach fragen.

Diese Fragen bedeuten alle das gleiche, und wer eine solche Frage stellt, müßte eigentlich einen viel längeren Satz aussprechen, nämlich:

In welchem Abschnitt des Tierkreises stand die Sonne, als Du geboren worden bist?

Aber so umständlich fragt natürlich niemand, höchstens jemand, der sich in der Astrologie auskennt.

so nennt man das Wissen, das die Himmelskundigen über viele tausend Jahre gesammelt haben, und die Erfahrungen, die sie mit den Sternenbewegungen am Himmel und dem Geschehen auf der Erde gemacht haben.

Wenn Dich also jemand fragt, was für ein Sternzeichen Du bist, so will er eigentlich wissen, **was für ein Mensch Du bist.**

Die Astrologen haben nämlich festgestellt, daß die Menschen, die geboren wurden, als die Sonne im gleichen Abschnitt des Tierkreises stand, sich in vielen Dingen ähnlich sind. Nicht äußerlich, sondern in ihrem Wesen, und das kann man nicht sehen, sondern nur spüren, wenn man sich etwas besser kennt.

Und weil es einfacher war, haben die Menschen nicht gesagt, "Es wurde ein kleiner Mensch geboren, als die Sonne im Abschnitt des Widders stand", sondern

"Es wurde ein kleiner Widder geboren."

Und nun wollen wir uns die einzelnen Tierkreiszeichen zusammen genauer anschauen.
Wir fangen, wie das Leben in der Natur, mit dem Frühling an.

Das erste Tierkreiszeichen ist der Widder.

13

WIDDER

Wenn Du zwischen dem 21. März und dem 20. April Geburtstag hast, dann bist Du ein **WIDDER.**

In diesen Tagen regt sich auch in der Natur das neue Leben nach dem langen Winter. Die kleinen Pflänzchen kommen aus dem Erdreich hervor. Weil die Natur einen neuen Anfang macht, ist auch der Widder das erste Tierkreiszeichen.

WIDDER

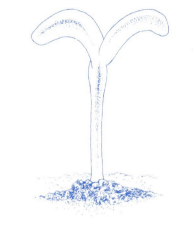

Hast Du schon einmal gesehen, wie so eine kleine Pflanze aussieht, die sich gerade aus dem Samenkorn entfaltet hat?

Alle Pflanzen sehen am Anfang gleich aus, nämlich so:

Verbinde die Punkte in der Zeichnung miteinander und fange mit dem Zeichnen an dem untersten Punkt an und führe die Linien in einem kräftigen Schwung nach rechts und nochmals von unten angefangen nach links.

Das Zeichen, das jetzt entstanden ist, ist der kürzeste Weg, um auch ohne Worte zu sagen:

Ich bin ein WIDDER !

Sieht es nicht auch aus wie die Hörner eines Widders? Oder denk mal an die beiden Augenbrauen und die Nase in Deinem Gesicht - es ist ganz einfach die gleiche Form...

Übrigens, Du kannst jedes Bild, was noch weiß ist, selbst ausmalen.

So ein kurzes Zeichen für ein Tierkreiszeichen nennt man ein "Symbol". Wenn Du ein Symbol verstehen kannst, weißt Du etwas, worüber wir sonst eine lange Geschichte erzählen müßten.

WIDDER

Hast Du schon einmal einen kleinen Widder beobachten
können?

In einer Schafherde auf einer Wiese vielleicht?

Ein Widder ist nämlich ein männliches Schaf. Er hat kleine
eingerollte Hörner und ein dickes Fell.

Wie er losstürmt und herumtollt auf der Wiese!
- und wenn Du siehst, wie er mit gesenktem Kopf
  unbekümmert seinem Gegner
- wahrscheinlich ein anderer Widder - entgegenstürmt,
  dann spürst Du auch die Kraft, die durch Dich wirken
  kann.

Aber sei auch geduldig und überlege, wohin Du willst,
bevor Du losrennst.

WIDDER

Rot - ein klares, leuchtendes Rot ist die Farbe, mit der Du die Freude des Widders am Kampf und am Anfangen von neuen Dingen am besten ausdrücken kannst.

Mit einem roten Stift malst Du jetzt das Feld auf Seite 62 aus, wo Du das Symbol für Widder wiederfindest.

Damit Du auch wirklich fühlen kannst, wieviel Schwung ein Widder in sich hat:
Leg für einen Moment das Buch zur Seite und stell' Dich hin, hol' tief Luft. Deine beiden Hände mit den Handaußenflächen aneinander vor der Brust - sag jetzt den Satz:

Ich will!

Die beiden Arme gehen nach oben und Du streckst sie jetzt nach außen. Die Bewegung, die Deine Arme gemacht haben, ist die gleiche, wie Du sie in dem Widderzeichen als Symbol gezeichnet hast.

Ich bin ein Widder!

Du hast Freude daran, etwas Neues anzufangen - immer wieder mutig als Erster voranzugehen und das Feuer der Begeisterung in den Herzen der Menschen anzuzünden.
Was auch immer geschieht, Du willst etwas erreichen und läßt Dich niemals entmutigen.

STIER

Wenn Du zwischen dem 21. April und dem 21. Mai Geburtstag hast, dann bist Du ein **STIER.**

Du freust Dich gerne an allen schönen Dingen - Du möchtest vielleicht gleich alles für Dich haben. Du willst die Welt um Dich genießen und findest es schön, etwas mit den Händen anfassen zu können.
Du ißt gerne etwas Gutes. Du bist vielleicht etwas langsam, dafür führst Du auch sicher zu Ende, was Du einmal angefangen hast.

STIER

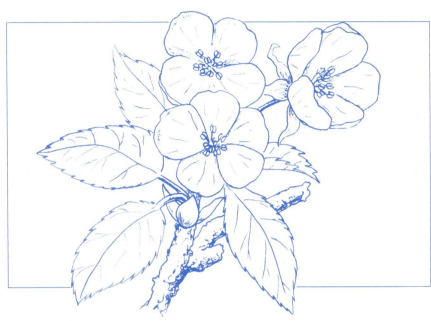

Viele Blüten bringt der Mai, und die Natur zeigt sich jedes Jahr um diese Zeit in der schönsten Pracht. Es ist, als ob die Natur sich freut, wieder die wärmenden Sonnenstrahlen auffangen zu können. Die Wiesen werden wieder grün.

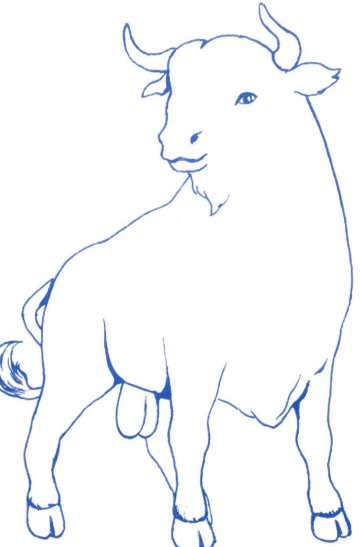

Ein frühlingshaftes Grün ist auch die Farbe, mit der Du die Energie des Tierkreiszeichen Stier ausdrücken kannst. Es ist viele tausend Jahre her, als die Stiere noch Opfertiere waren, da haben die Menschen in diesem schönen und starken Tier ein Symbol für die Fruchtbarkeit der Natur gesehen.

Jetzt malst Du mit Grün - wie die Natur im Mai - das Feld auf Seite 62, in dem Du das Zeichen für Stier wiederfindest.

STIER

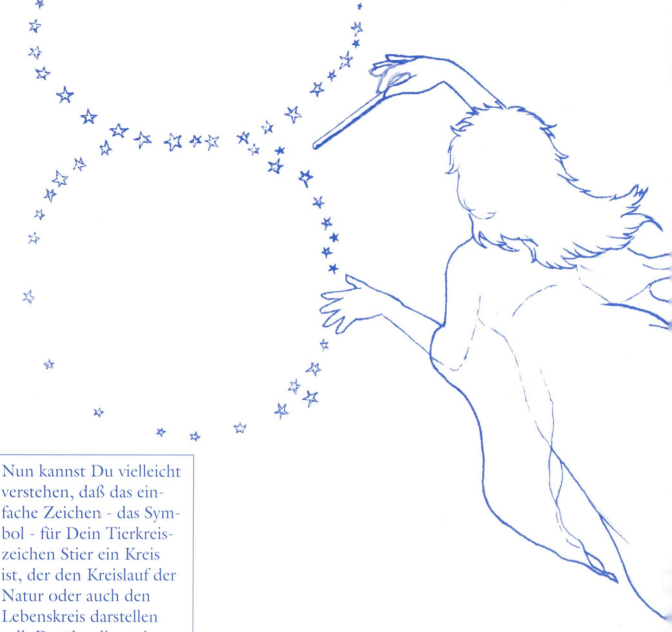

Nun kannst Du vielleicht verstehen, daß das einfache Zeichen - das Symbol - für Dein Tierkreiszeichen Stier ein Kreis ist, der den Kreislauf der Natur oder auch den Lebenskreis darstellen soll. Darüber liegt ein Halbkreis wie eine Schale, die alles Schöne und Wohltuende auffängt, damit es in den Lebenskreis fließen kann. Vielleicht erkennst Du in dem Zeichen den runden Kopf eines Stieres mit aufgebogenen Hörnern:

Es macht soviel Freude, alles bunt auszumalen. "Welche Farbe hat mein Kleid?", fragt die Sternenfee.

Verbinde alle Punkte zu Linien mit einem grünen Stift. Du kannst das Zeichen dann deutlich erkennen. Wenn Du den Kreis ein paarmal nachmalst, kannst Du spüren, daß er keinen Anfang und kein Ende hat. Stell Dir vor, alles, was drinnen ist, bleibt drinnen.

STIER

Damit Du fühlen kannst, was damit gemeint ist, stell' Dich wieder hin und mach mit Deinen Armen eine Bewegung, als möchtest Du einen ganz lieben Menschen umarmen: Jetzt sag ganz laut:

Ich habe!

ZWILLINGE

Wenn Du zwischen dem 22. Mai und dem 21. Juni Geburtstag hast, dann bist ein **Zwilling.**

Es gibt viele Dinge, die Dich interessieren. Du bist immer neugierig auf der Suche nach noch etwas Aufregenderem. Du liest wahrscheinlich sehr gerne und redest vielleicht selbst "wie ein Buch".

Um reden zu können, braucht man jemanden, der zuhört, sonst macht es keinen Spaß. Deshalb suchst und findest Du schnell Menschen in Deiner Nähe, mit denen Du über alles sprechen kannst. Du brauchst ein Gegenüber - eben einen "Zwilling".

ZWILLINGE

Verbinde die Linien mit gelber Farbe.

Zuerst entsteht wieder oben die Schale zum Auffangen. (Erinnerst Du Dich: wie beim Stier?) Nun stell Dir vor, daß über die beiden geraden Linien die Verbindung zum Weitergeben entsteht. Jetzt zeichnest Du die nach unten gerichtete Schale für das Weitergeben.

Was gibt denn nun ein Zwilling weiter?

Alles, was er erfahren, gelesen und gehört hat. Man sagt dazu: Informationen.

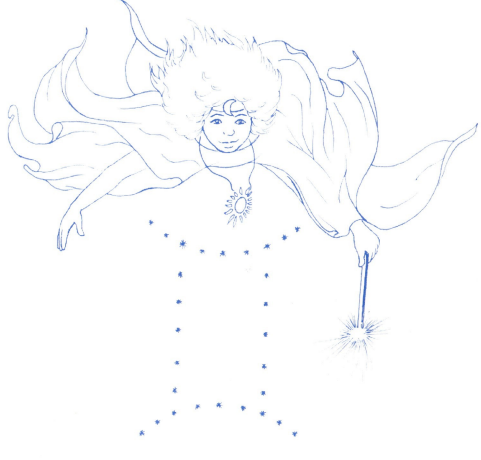

In der Zeit, in der Du Geburtstag hast, bekommt jeder Baum Blätter in der Form, wie er sie unverwechselbar hervorbringt. Jede Pflanze bildet sich in ihrer Eigenart aus. Keine ist wie die andere.

Über die Blätter wird das Sonnenlicht aufgenommen, in Lebensenergie umgewandelt und an die Pflanze abgegeben.

So ist auch das Aufnehmen und Weitergeben in dem Symbol für Dein Tierkreiszeichen Zwillinge enthalten.

ZWILLINGE

Gelb ist die Farbe, die Leichtigkeit und Fröhlichkeit ausdrückt. Gelb ist nicht schwer und fest, sondern schwebt und wirkt durchsichtig.

Denk einmal an die gelben Zitronenfalter, die von einer Blume zur anderen gaukeln, sich nur kurz niederlassen und schon wieder weiterfliegen.

Auf Seite 62 siehst Du das Zwillinge-Haus mit der Nummer 3. Male mit Gelb das Feld vor dem Haus aus, wo Du auch das Zeichen für Zwillinge wiederfindest.

Was sonst nicht geht - hier ist es möglich: Alle Bilder in diesem Buch darfst Du so mit Farbe ausmalen, wie es Dir gefällt.

ZWILLINGE

So wie Schmetterlinge nicht bei einer Blume bleiben, werden Zwillinge-Menschen nicht bei einer Sache bleiben wollen. Es gibt noch so viele neue und interessante Dinge zu erleben und... weiterzuerzählen.

Wenn Dein Tierkreiszeichen sprechen könnte, würde es sagen:

Ich vermittle!

KREBS

Wenn Du zwischen dem 22. Juni und dem 22. Juli Geburtstag hast, dann bist Du ein **Krebs**.

Die Sonne erreicht jetzt ihre größte Kraft. Es ist Sommer geworden.
Jeder Tag wird ab 21. Juni um einen Hahnenschrei kürzer. Dieser Tag heißt Sommersonnwende und wird gefeiert. In der Nacht brennen in manchen Gegenden die Sonnwendfeuer auf den Hügeln, und die Menschen springen weit über die Flammen, sobald sie kleiner geworden sind.

KREBS

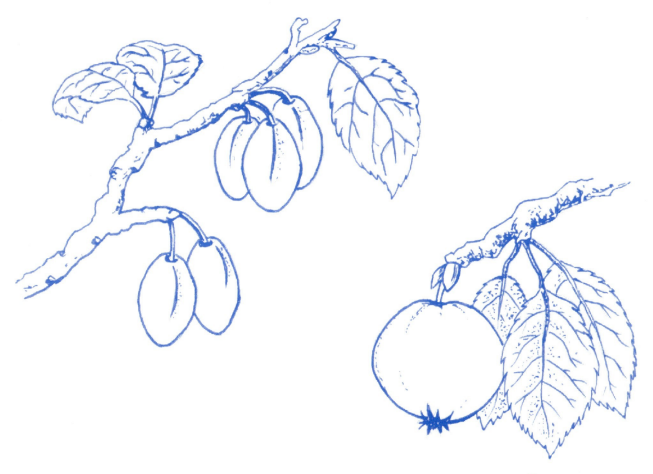

An den Bäumen wachsen und reifen die Äpfel und Pflaumen und andere Früchte heran. Sie sind noch grün und noch nicht reif zum Essen. Sie brauchen jetzt noch viel Sonnenwärme und Schutz, damit Du sie im Herbst ernten kannst.

Krebs heißt das Tierkreiszeichen deswegen, weil die Menschen beobachtet haben, daß manche Krebse am Meer sich in leere Schneckenhäuser zurückziehen, um Schutz zu suchen. Und sie haben beobachtet, daß Krebse rückwärts gehen können. Das haben sie in Verbindung gebracht mit der Sonne, die ab dieser Zeit im Jahr wieder zurückgeht.

KREBS

Sage: "Ich beschütze." Wenn Du Deine Arme und Hände so übereinanderlegst, wie Du in dem Zeichen Krebs sehen kannst, wirst Du fühlen, welche beschützende Kraft von Deinem Sternzeichen ausgeht. Diese Kraft will durch Dich für alle Lebewesen und die Natur wirken.

Ich beschütze!

Für Krebs-Menschen ist es auch wichtig, daß sie etwas beschützen können. So wie ein kleines Kind in den Armen seiner Mutter oder seines Vaters Schutz findet, so beschützen Krebs-Menschen gerne alles, was ihnen lieb ist. Geht es Dir auch so? Weil Du gern alles, was Du magst, bei Dir haben möchtest, sammelst Du gern schöne Steine, alte Spielsachen, Bücher und so weiter...

Du trennst Dich gar nicht leicht von etwas, was Du liebgewonnen hast.

KREBS

Im Zeichen Krebs findest Du die schützenden Arme einer Mutter, die ihr Baby wiegt.

Male nun mit allen sehr hellen Farben das Feld im Tierkreis auf Seite 63 aus.

LÖWE

Wenn Du zwischen dem 23. Juli und dem 23. August Geburtstag hast, dann bist Du ein **LÖWE**.

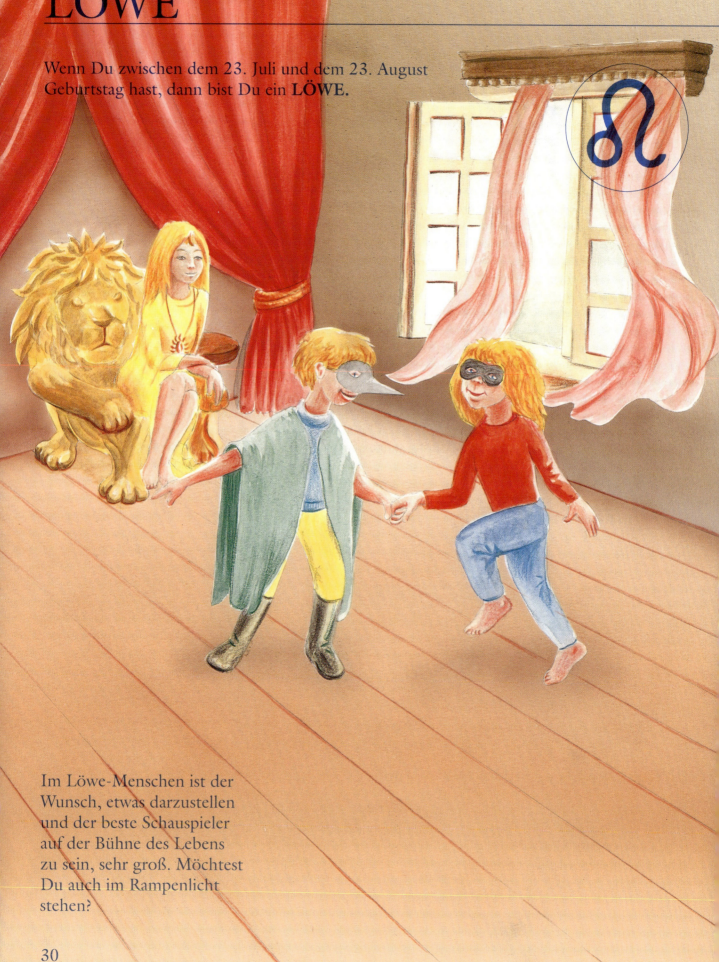

Im Löwe-Menschen ist der Wunsch, etwas darzustellen und der beste Schauspieler auf der Bühne des Lebens zu sein, sehr groß. Möchtest Du auch im Rampenlicht stehen?

LÖWE

Weißt Du, wo auf der Welt
Löwen zu Hause sind?

Sie leben in den weiten Steppenlandschaften Afrikas, dort, wo die Sonne so brennend heiß ist, daß sie alles Leben verdorren lassen kann, wenn es lange nicht regnet.

Es kann auch kein Leben gedeihen, wenn die Sonne überhaupt nicht scheint. Die Sonne hat Macht über das Leben! Weil die Menschen das beobachtet haben, haben sie den Löwen - ein stolzes und königliches Tier - in Verbindung gebracht mit der Sonnenkraft, die Leben schenken, aber auch vernichten kann.

31

LÖWE

Ich bin!

Dein Löwe-Satz ist:
"Ich bin".
Das heißt so viel wie:
Ich freue mich, daß ich lebe.

Male alles in den schönsten Farben aus, die Du Dir vorstellen kannst.

Ob Du Dich nun allein faul in der Sonne (oder im Schatten) räkelst wie ein echter Löwe oder ob Du zusammen mit Deinen Freunden etwas spielst, was Euch Spaß macht: Jetzt in den Ferien ist die Zeit gekommen, das zu tun, wozu Du Lust hast.

LÖWE

Kannst Du den Löwen erkennen? Der Löwenschwanz zeigt nach oben, weil die Natur und auch die Menschen spüren, daß das Jahr auf seinem Höhepunkt ist.

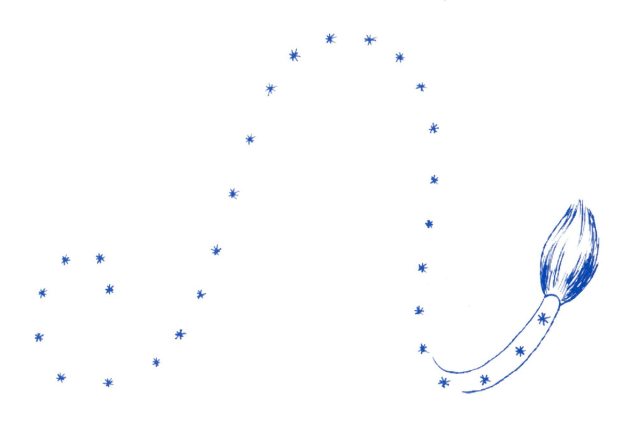

Die Sonne strahlt auch bei uns im Monat August mit großer Kraft, wenn sie im Tierkreiszeichen Löwe steht. Die Pflanzen werden noch kräftiger, und die Früchte an den Bäumen werden reif zur Ernte. Das Korn auf den Feldern wiegt sich golden im Sommerwind.

Es ist dann meistens Ferienzeit. Die Menschen freuen sich, wenn sie jetzt endlich das tun können, was ihnen von Herzen Freude macht.

Deine Farben haben damit zu tun, daß der Löwe seit altersher als der König der Tiere bezeichnet wird.

Stell Dir einen Königsmantel vor: Weiß, purpurrot und natürlich golden - wie die Sonne - sind die Farben des Löwen.
Das Löwe-Feld zum Ausmalen findest Du auf Seite 63. Es sollte besonders schön werden.

JUNGFRAU

Alle Geburtstagskinder ab 24. August bis 23. September sind **JUNGFRAU**.

JUNGFRAU

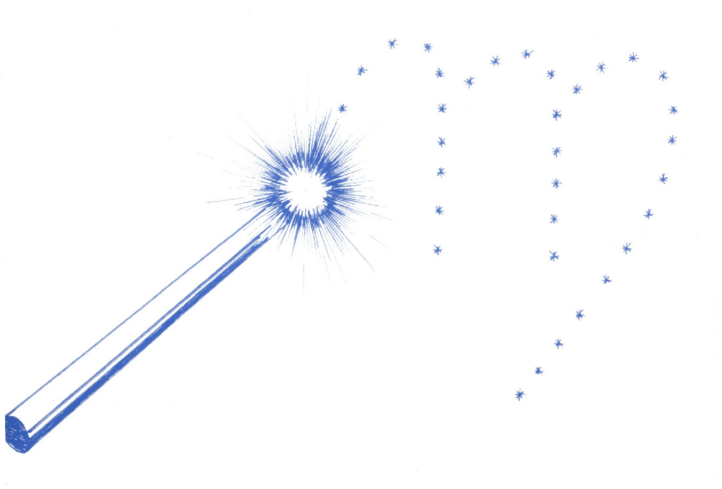

Es ist Erntezeit.
Endlich sind die
Früchte reif geworden.
Das Korn auf den
Feldern wurde gemäht.

Schau' zum wolkenlosen Himmel im September und Du siehst
Deine Farbe:

Hellblau wie das
Himmelszelt!

Das Symbol für Jungfrau
sieht aus wie ein kleines
"m" - wie Mutter. Es ist die
Mutter Erde, die uns die
Ernte schenkt.

JUNGFRAU

Die Menschen arbeiten, um die reiche Ernte in die Vorratskammern einzulagern. Mit Vorrat können sie dem Winter gelassen entgegensehen.

Schnell und gründlich soll die Ernte eingebracht werden, daher müssen viele Hände zusammenarbeiten. Hand-in-Hand geht die Arbeit schnell voran.

Verstehst Du nun, warum es heißt, daß Jungfrau-Menschen ordentlich und fleißig sind und gut rechnen können? Arbeitest Du auch gern mit anderen zusammen?

JUNGFRAU

Ich ordne!

Dein Satz heißt:
"Ich ordne".
Mühsam und sorgfältig werden gute und schlechte Früchte getrennt. Nur die besten Früchte eignen sich für die Lagerung in den langen Wintermonaten, deswegen wird kritisch geprüft, ob die Früchte gut sind. Alles wird dann abgezählt, gemessen und gewogen.

Male das 6. Feld im Kreis auf Seite 63 mit hellblauer Farbe aus. Dort findest Du auch das kleine "m" für Jungfrau wieder.

WAAGE

Wenn Du zwischen dem 24. September und dem 23. Oktober Geburtstag hast, dann bist Du eine **WAAGE**.

Die Tage sind jetzt genauso lang wie die Nächte. Tag und Nacht sind ausgeglichen.

Die Sonne hat nur noch die halbe Kraft. Die Sonnenstunden werden von jetzt an von Tag zu Tag kürzer, und bald werden die Nächte länger sein als die Tage.

WAAGE

Du hast auch eine innere Waage. Sie möchte immer ausgeglichen sein. Die beiden Waagschalen sollen immer auf gleicher Höhe pendeln.

Ich gleiche aus!

Immer im Gleichgewicht bleiben

WAAGE

Eine halbe Sonne, die am Horizont steht, zeigt auch das Symbol für Dein Tierkreiszeichen Waage.

Verbinde die Punkte, dann wirst Du die halbe Sonne am Horizont erkennen können.

Niemals im Jahr sind die Bäume bunter. Die goldene Sonne läßt die Farben leuchtender erscheinen.

Der Herbst ist ein Maler. Liebst Du die bunten Farben? Malst Du gern?

Viele Waage-Menschen haben eine große Sehnsucht nach Schönheit. Sie wollen, daß alle miteinander liebevoll umgehen.

Du kannst hier im Buch selbst Maler sein: Mach' alle Bilder schön bunt.

WAAGE

Jetzt nach der Ernte haben die Menschen endlich Zeit, um viele Feste zu feiern.

"Danke", sagen sie für die reiche Ernte, und sie feiern auch aus Freude über den guten Wein. Unter schön geschmückten Erntekronen tanzen sie miteinander und lernen sich kennen und lieben.

Die Farbe der Liebe ist Rosa - wie die schönsten Rosen.
Du kannst das Waage-Feld auf Seite 63 mit rosaroter Farbe ausmalen.

SKORPION

Wenn Du zwischen dem 24. Oktober und dem 22. November Geburtstag hast, dann bist Du ein **SKORPION.**

SKORPION

Wenn Du sagst, daß Du ein Skorpion bist, so hast Du sicher schon gemerkt, daß die Menschen die Augenbrauen hochziehen und sich irgendwie komisch räuspern: " Ah - ja, ein Skorpion bist Du...".

Warum glaubst Du, machen sie das?

Skorpione gelten als gefährliche Tiere, weil sie einen sehr giftigen Stachel haben, den sie als Waffe einsetzen können.

Der Stich mit dem Stachel des Skorpion kann lähmen - sogar töten.

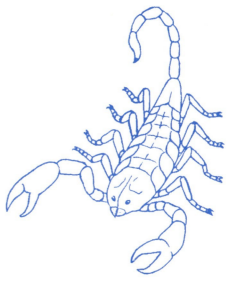

Ich kämpfe!

Dein Satz heißt "Ich kämpfe". Kämpfe mit Dir selbst - Du bist stark und geschickt. Werde immer besser!

43

SKORPION

Während der Jahreszeit des Skorpion-Zeichens versinkt die Natur in einen tiefen Schlaf. Es sieht aus, als ob alles Leben aufhört. Es verbirgt sich aber nur vor Deinen Augen. In Wirklichkeit hört es nicht auf.

Die Bäume sind kahl und sehen traurig aus. Alles Leben der Pflanzen zieht sich in die Wurzeln zurück, um den kalten Winter überstehen zu können.

Die Sonne macht nur vorübergehend Ferien.

SKORPION

Verbinde die Punkte für Dein Skorpion-Symbol:
Du siehst das kleine "m" für Mutter Erde mit einem Pfeil nach oben. Es zeigt, daß sich das Leben tief in die Mutter Erde zurückzieht. Der Pfeil nach oben heißt, daß die Menschen wissen, daß das Leben in der Natur mit dem Frühling wiederkommt. Du weißt doch auch genau, daß im Frühjahr alles wieder grün wird.

Denk daran: Du darfst hier ausmalen.

Das geheimnisvolle dunkle Weinrot gehört zum Skorpion. Male das Feld vor dem Skorpion-Haus Nr. 8 auf Seite 63 mit dieser Farbe aus.

SCHÜTZE

Wenn Du zwischen dem 23. November und 21. Dezember Geburtstag hast, dann bist Du ein **SCHÜTZE**.

Die Abende sind sehr dunkel und lang. Eine Kerze nach der anderen wird jetzt angezündet. Das Licht soll sich ausbreiten und an das Licht der Sonne erinnern.

SCHÜTZE

Hast Du Lust, alles, was noch weiß ist, bunt auszumalen?

Stell Dir vor, daß Du als Schütze Deinen Lichtpfeil in weitem Bogen in die Welt hinausschickst.
Er fliegt einem weit entfernten Ziel entgegen.

Das Symbol für Schütze ist ein Pfeil.
Verbinde die Punkte mit der Farbe Orange.
Der Lichtpfeil des Schützen leuchtet orange.
Es entsteht aus Rot und Gelb und strahlt viel Wärme aus.

SCHÜTZE

Du möchtest vielleicht
auch gern - wie der Pfeil -
in die Welt hinausfliegen.
Im Flugzeug von Land zu
Land reisen.

SCHÜTZE

Ich verstehe!

Du siehst, wie andere Menschen leben und wie verschieden die Kinder in anderen Erdteilen sind.

Weil Du dann soviel von der Welt gesehen hast, kannst Du irgendwann einmal sagen: "Ich verstehe".

Male das Feld vor dem Schütze-Haus Nr. 9 auf Seite 63 mit Orange aus.

STEINBOCK

Wenn Du zwischen dem 22. Dezember und dem 20. Januar Geburtstag hast, dann bist Du ein **STEINBOCK**.

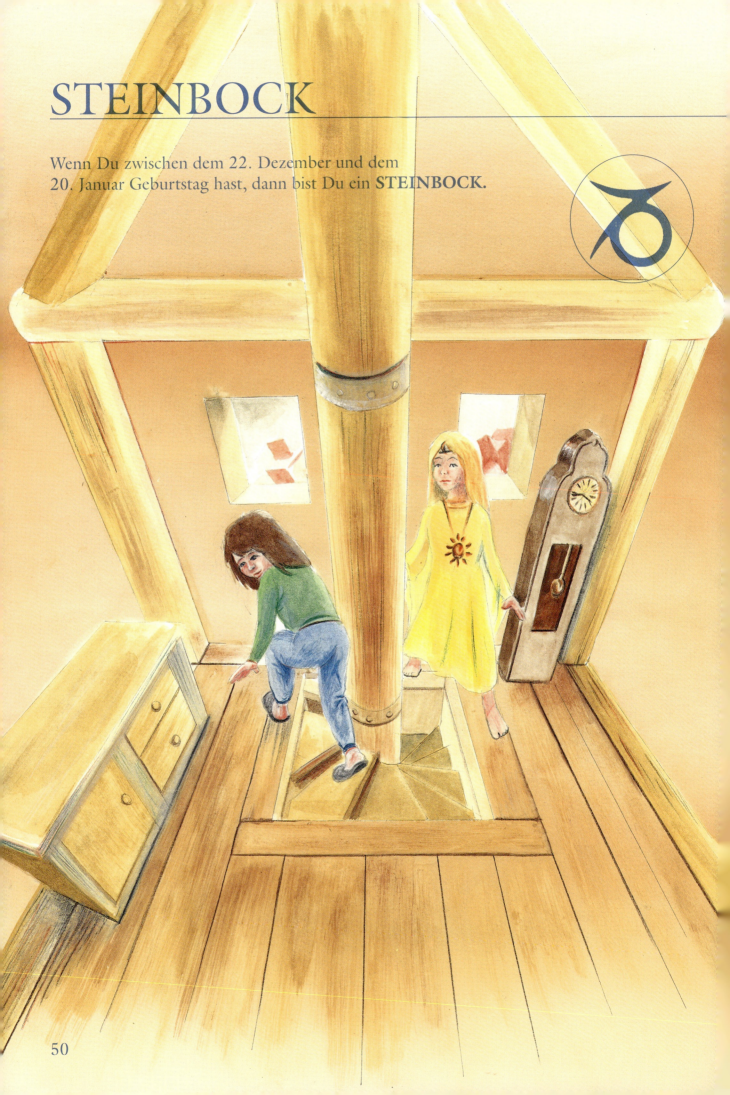

STEINBOCK

Ich steige hinauf!

Hoch oben in den Bergen lebt der Steinbock.
Er ist ein guter Kletterer und springt von Fels zu Fels.

Auch Du verbringst Deine Zeit gern in den Bergen.
Hier hast Du die schönste Aussicht über die Bergwelt.
Keine Mühe ist Dir zu groß und kein Weg zu lang, um
hoch hinaufzusteigen. Vielleicht findest Du in den Bergen
ein verstecktes Edelweiß.

STEINBOCK

Im Winter ist die Landschaft schneebedeckt, und als einziger Baum trägt die Tanne ein grünes Kleid. Sie verliert ihre Nadeln nicht wie die anderen Bäume ihr Laub. Die Tanne übersteht Schnee und Kälte ohne Schaden.

Es ist ein alter Brauch, zur Weihnachtszeit einen Tannenbaum als Lichterbaum zu schmücken.

Du hast eine innere Lichtkraft - wie die Tanne -, die Dir hilft, Deinen Weg auf den Berg zu finden, auf dem Du Dich am wohlsten fühlst.

STEINBOCK

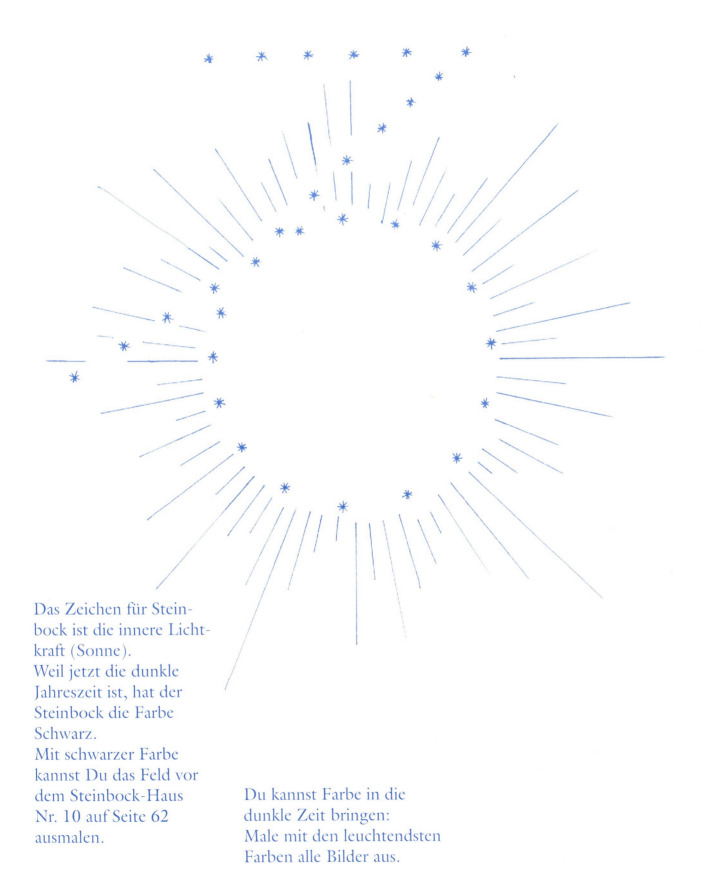

Das Zeichen für Steinbock ist die innere Lichtkraft (Sonne).
Weil jetzt die dunkle Jahreszeit ist, hat der Steinbock die Farbe Schwarz.
Mit schwarzer Farbe kannst Du das Feld vor dem Steinbock-Haus Nr. 10 auf Seite 62 ausmalen.

Du kannst Farbe in die dunkle Zeit bringen: Male mit den leuchtendsten Farben alle Bilder aus.

WASSERMANN

Wenn Du in der Zeit vom 21. Januar bis 19. Februar Geburtstag hast, dann bist Du ein **WASSERMANN**.

WASSERMANN

In der Winterzeit ist draußen alles weiß von Eis und Schnee.

Farbige Tupfen bringen die Kinder, die sich in dieser Zeit gern verkleiden, weil das ein alter Brauch ist, der den Winter vertreiben soll.

Der lustige Clown - das könntest Du sein!
Wie ein Clown kannst Du die Menschen zum Lachen bringen.

Hier kannst Du Dich auch mit Farben austoben - Male alles mit Deinen Lieblingsfarben aus.

Du möchtest am liebsten ganz frei herumtollen und ein Rad nach dem anderen schlagen vor lauter Freude.

WASSERMANN

Deine Farbe ist Türkis, wie das Wasser in einem Schwimmbad. Sie schimmert noch dazu wie das Metall einer Rakete.
Du kannst jetzt mit Türkis das Feld vor dem Wassermann-Haus Nr.11 auf Seite 62 ausmalen.

Verbinde die Punkte, und Du kannst sehen, daß das Zeichen für Wassermann wie zwei Wasserwellen aussieht. Es ist nicht das richtige Wasser in dieser Jahreszeit gemeint, weil es noch Eis ist.

Es soll das Wasser darstellen, das alle Menschen zum Leben so sehr brauchen.

WASSERMANN

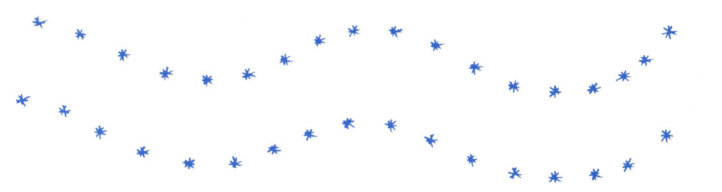

Viele Freunde, mit denen Du Deine Freude teilen kannst, sind wichtig für Dich.

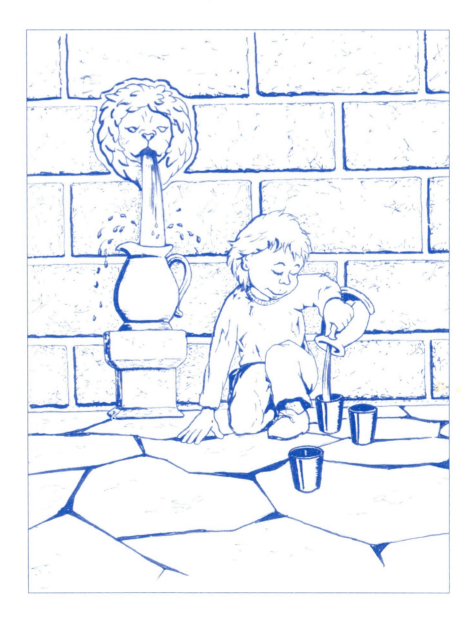

FISCHE

Wenn Du in der Zeit vom 20. Februar bis 20. März Geburtstag hast, dann bist Du ein **FISCH**.

FISCHE

Du hast soviel Phantasie und kannst selbsterfundene Geschichten erzählen und vielleicht wunderschön Musik machen.

Man sagt zwar: "Du bist ein Fischlein". Aber Dein Fische-Symbol zeigt **zwei** Fische, die nebeneinander im Meer schwimmen. Ein silbernes Band verbindet sie, damit sie sich in den Meereswelten nicht verlieren können.

Das zeigt Dir, daß auch Du "ein silbernes Band" - eine Verbindung - zu einem anderen Teil des Lebens haben könntest, der vielen Menschen nicht sichtbar ist.

FISCHE

Ich träume!

Dein Satz heißt: "Ich träume".

Für Dich kann es immer Sommer sein, weil Deine Phantasie Dich zu Deiner Traumwiese bringt, auf der es sich herrlich träumen läßt. In Wirklichkeit schmilzt jetzt aber der Schnee mit Macht dahin. Das Wasser weicht die Erde auf. Sie wird bodenlos, und die Menschen tun sich schwer, darauf zu gehen.

Aber gerade diese aufgeweichte Erde brauchen die kleinen Pflanzen, um wieder hervorsprießen zu können.

> Hallo, aufwachen: Male in Deinen Lieblingsfarben die Bilder aus.

FISCHE

Die zwei Fische als Symbol sehen so aus.
In der Mitte siehst Du das silberne Band, das sie verbindet.

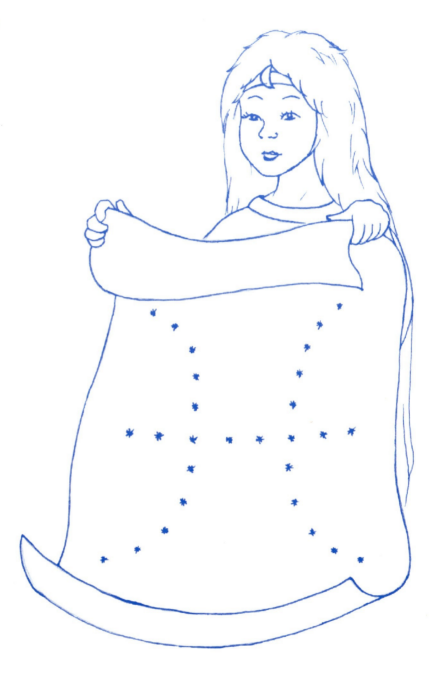

Deine Farbe ist ein helles Violett. Male ganz zart das Feld vor dem Fische-Haus Nr. 12 auf Seite 62 damit aus.

"Wo möchtest Du wohnen?" "Gefällt Dir Dein Sternzeichen-Haus? Wenn Dir ein anderes Haus besser gefällt als das Deines eigenen Sternzeichens, so stell' Dir vor, daß Du auch dort wohnen kannst.
Jedes Haus hat eine offene Tür. Du bist in jedem Haus gern gesehen."

Haus Nummer 11
Im "Haus der besten Freunde" wohnt der **Wassermann**. Am Schwimmbad unter der Pyramide auf dem Dach trifft er sich mit seinen Freunden, weil geteilte Freude doppelte Freude ist.
Seite 54

Haus Nummer 12
Das "Haus der märchenhaften Träume" ist das **Fische**-Haus. Wer dorthin gelangen will, muß durch den Nebel gehen und hinüberschwimmen.
Seite 58

Haus Nummer 1
Dieses ist das "Haus der guten Taten". Hier wohnt der **Widder** in einem Blockhaus aus Holz, weil ein Widder sein Haus bald hier und bald dort neu erbauen will.
Seite 14

Haus Nummer 2
Der **Stier** wohnt im "Haus der erfüllten Wünsche". Breit und behäbig mit einem dicken Turm steht es da, weil ein Stier gern dort bleibt, wo er sich einmal eingewöhnt hat...
Seite 18

Haus Nummer 10
Der **Steinbock** wohnt im "Haus des höchsten Berges". Es ist schon sehr alt. Wer den Steinbock dort besuchen will, muß gut laufen können. Er wohnt über den Dächern der anderen.
Seite 50

Haus Nummer 3
Der **Zwilling** wohnt im "Haus der vielen Gespräche". Es hat eine Menge Fenster, damit der Zwilling alles miterleben kann, was draußen vor sich geht.
Seite 22

Haus Nummer 9
Der **Schütze** wohnt im "Haus der weiten Reisen".
Kein Land ist ihm zu fern. Aus allen Erdteilen hat
er etwas mitgebracht und sein Haus damit
geschmückt.
Seite 46

Haus Nummer 8
Das "Haus der verborgenen Schätze" ist das
Zuhause vom **Skorpion**. Im Moorsee hinter dem
Haus liegt ein Schatz versunken. Nur der
Skorpion weiß davon.
Seite 42

Haus Nummer 7
Die **Waage** wohnt im "Haus der
tanzenden Paare". Wo Menschen sich
treffen, soll es schön sein, denkt die
Waage. Deswegen sieht ihr Haus
wie ein kleines Schloß aus.
Seite 38

Haus Nummer 6
Die **Jungfrau** wohnt im "Haus der
reichen Ernte". Es ist so ordentlich
aufgeräumt, weil der Jungfrau die
Arbeit Freude macht.
Seite 34

Haus Nummer 5
Im "Haus der liebsten Spiele" wohnt der
Löwe. Die Sonne durchflutet mit ihrem Licht
die großen Räume, damit sich der Löwe so
richtig wohlfühlen kann.
Seite 30

Haus Nummer 4
Im "Haus der silbernen Muschel" wohnt der **Krebs**.
Das Haus liegt an einem See, in dem sich bei Nacht
der Mond spiegelt. Hier fühlt sich der Krebs zu Hause.
Seite 26

63